Aprender A Leer Ingles Rapido

Jon Adams

Copyright © 2024 Jonathan Adams

All rights reserved.

ISBN: 9798883541611

CONTENTS

1 Grammar .... Pg #

2 Stories .... Pg #

3 Conversations .... Pg #

4 Signs and Scenarios .... Pg #

INTRODUCTION

Bienvenido a "Aprender A Leer Inglés Rápido", tu guía exprés para dominar los fundamentos de la lectura en inglés de forma rápida y eficiente. Ya sea que esté aprendiendo para su crecimiento personal, avance profesional o simplemente para aceptar un nuevo desafío, este libro es su trampolín para dominar uno de los idiomas más hablados del mundo.

Embarcarse en el viaje de aprender un nuevo idioma es emocionante y gratificante, y este libro comprende la importancia del ritmo y la claridad. Con un enfoque en agilizar el proceso, "Aprender A Leer Inglés Rápido" ofrece un enfoque sencillo, lo que lo hace ideal para estudiantes independientes, entornos de aula y todos los demás.

Partiendo de una base sólida, comenzamos introduciendo los elementos básicos del idioma inglés. Los lectores se familiarizarán con los componentes gramaticales esenciales, incluidos pronombres, preposiciones, adjetivos, adverbios, artículos e interrogativos. Cada sección está diseñada con definiciones claras, ejemplos prácticos y formato bilingüe para ayudar a la comprensión y fomentar el dominio bilingüe.

Al pasar de oraciones simples a narrativas más complejas, los lectores encontrarán que sus habilidades de comprensión aumentan a medida que son guiados a través de una variedad de escenarios del mundo real y contextos culturales. "Aprender A Leer Inglés Rápido" no solo te enseña a leer inglés, sino que te sumerge en el idioma, permitiéndote comprender diversos dialectos y apreciar la riqueza cultural de las comunidades de habla inglesa.

A medida que se desarrolla el libro, los lectores encontrarán historias avanzadas que desafían el intelecto y perfeccionan el dominio del lenguaje. Al interactuar con varios géneros, desde ficción hasta no ficción y recursos literarios que forman la base de la literatura inglesa, los estudiantes desarrollarán una comprensión matizada y un vocabulario sólido.

"Aprender A Leer Inglés Rápido" es más que un simple manual de instrucciones; es una experiencia interactiva. El libro está plagado de preguntas de pensamiento crítico y ejercicios de práctica diseñados para fomentar un análisis más profundo y la participación activa. Cada capítulo es un paso no sólo para leer inglés sino también para pensar y expresarse con la confianza de un hablante nativo.

Al finalizar el libro, habrá adquirido más que conocimientos; Te habrás embarcado en una aventura lingüística que amplía tus horizontes intelectuales y abre puertas a oportunidades globales. Así que pasemos página juntos y comencemos el viaje hacia la lectura en inglés rápidamente y con entusiasmo renovado. ¡Bienvenidos al fascinante mundo del inglés!

GRAMMAR

Grammar Introduction

Bienvenidos al capítulo vital de Gramática.
Welcome to the crucial chapter on Grammar.

Este capítulo está dedicado a la comprensión de los elementos fundamentales de la lengua inglesa.
This chapter is dedicated to understanding the fundamental elements of the English language.

Dominar estos elementos es esencial para construir una base sólida en el aprendizaje del inglés.
Mastering these elements is essential for building a solid foundation in learning English.

Exploraremos los pronombres, que son las palabras que reemplazan a los sustantivos y dan fluidez a nuestras frases.
We will explore pronouns, which are the words that replace nouns and bring fluidity to our sentences.

Las preposiciones nos ayudan a expresar relaciones de dirección, tiempo y lugar, entre otros conceptos.
Prepositions help us express relationships of direction, time, and place, among other concepts.

Los adjetivos añadirán color y detalle a las descripciones, permitiéndonos pintar imágenes con palabras.
Adjectives will add color and detail to descriptions, allowing us to paint pictures with words.

Con los adverbios, podremos modificar verbos y adjetivos, refinando y enfatizando nuestro mensaje.
With adverbs, we can modify verbs and adjectives, refining and emphasizing our message.

Los artículos definirán la especificidad de los sustantivos, algo crucial en inglés.
Articles will define the specificity of nouns, which is crucial in English.

Finalmente, las palabras interrogativas nos abrirán puertas a la interacción y al entendimiento, ya que con ellas formulamos preguntas esenciales.
Finally, interrogative words will open doors to interaction and understanding, as they allow us to formulate essential questions.

Preparemos juntos el camino para la maestría del inglés.
Let us pave the way together for mastery of English.

Pronouns

I
Yo

You
Tú

He
Él

She
Ella

It
Eso

We
Nosotros

They

Ellos

Mine
Mío

Yours
Tuyo

His
Suyo (de él)

Hers
Suyo (de ella)

Its
Suyo (de eso)

Ours
Nuestro

Theirs
Suyo (de ellos)

Myself
Yo mismo

Yourself
Tú mismo

Himself
Él mismo

Herself
Ella misma

Itself
Eso mismo

Ourselves
Nosotros mismos

Yourselves
Ustedes mismos

Themselves
Ellos mismos

Who
Quién

Whom
A quién

Whose
De quién

Which
Cuál

That
Que

Pronoun Example

I am learning English.
Yo estoy aprendiendo inglés.

This book is yours.
Este libro es tuyo.

She did the homework herself.
Ella hizo la tarea por sí misma.

The student who studies succeeds.
El estudiante que estudia tiene éxito.

Prepositions
about
acerca de

above
encima de

across
a través de

after
después de

against
contra

along
a lo largo de

among
entre

around
alrededor de

at
en

before
antes de

behind
detrás de

below
debajo de

beneath
bajo

beside
al lado de

between
entre

beyond
más allá de

by
por

despite
a pesar de

during
durante

except
excepto

for
para

from
de

in
en

inside
dentro de

into
hacia dentro

like
como

near
cerca de

of
de

off
fuera de

on
sobre

onto
sobre

out
fuera

outside
afuera

over
sobre

past
pasado

since
desde

through
a través de

throughout
durante todo

to
a

toward
hacia

under
debajo de

underneath
debajo de

until
hasta

up
arriba

upon
sobre

with
con

within
dentro de

without
sin

Prepositions Example

The cat is on the table.
El gato está sobre la mesa.

She lives in New York.
Ella vive en Nueva York.

They arrived after the party started.
Llegaron después de que empezara la fiesta.

The painting hangs above the fireplace.
La pintura cuelga encima de la chimenea.

Walk across the bridge.
Camina a través del puente.

I will meet you at the station.
Te encontraré en la estación.

He drove to the supermarket.
Él condujo al supermercado.

She was hiding under the bed.
Ella estaba escondida debajo de la cama.

The book belongs to me.
El libro me pertenece.

They talked about the issue.
Hablaron acerca del asunto.

Wait for me outside the cinema.
Espérame fuera del cine.

The bird flew over the trees.
El pájaro voló sobre los árboles.

Adjectives

big
grande

small
pequeño

long
largo

short
corto

tall
alto

short
bajo

fast
rápido

slow
lento

young

joven

old
viejo

happy
feliz

sad
triste

beautiful
hermoso

ugly
feo

good
bueno

bad
malo

hot
caliente

cold
frío

hard
duro

soft
blando

heavy
pesado

light
ligero

strong
fuerte

weak
débil

rich
rico

poor
pobre

loud
fuerte (de sonido)

quiet
tranquilo

easy
fácil

difficult
difícil

clean
limpio

dirty
sucio

expensive
caro

cheap
barato

new
nuevo

old
antiguo

bright
brillante

dark
oscuro

narrow
estrecho

wide
ancho

Adjectives Examples

A big house.
Una casa grande.

A small mouse.
Un ratón pequeño.

A long road.
Un camino largo.

A short name.
Un nombre corto.

A tall building.
Un edificio alto.

A short man.
Un hombre bajo.

A fast car.
Un coche rápido.

A slow turtle.
Una tortuga lenta.

A young boy.
Un niño joven.

An old tree.
Un árbol viejo.

A happy child.
Un niño feliz.

A sad movie.
Una película triste.

A beautiful flower.
Una flor hermosa.

An ugly bug.
Un bicho feo.

Good food.
Comida buena.

Bad luck.
Mala suerte.

Hot coffee.
Café caliente.

Cold ice cream.
Helado frío.

A hard rock.
Una roca dura.

A soft pillow.
Una almohada blanda.

A heavy book.
Un libro pesado.

Light clothing.
Ropa ligera.

A strong flavor.
Un sabor fuerte.

A weak signal.
Una señal débil.

A rich taste.
Un sabor rico.

A poor village.
Un pueblo pobre.

A loud sound.
Un sonido fuerte.

A quiet room.
Una habitación tranquila.

An easy question.
Una pregunta fácil.

A difficult task.
Una tarea difícil.

A clean shirt.
Una camisa limpia.

A dirty car.
Un coche sucio.

An expensive watch.
Un reloj caro.

Cheap toys.
Juguetes baratos.

A new phone.
Un teléfono nuevo.

An old coat.
Un abrigo viejo.

A bright color.
Un color brillante.

A dark night.
Una noche oscura.

A narrow street.
Una calle estrecha.

A wide river.
Un río ancho.

Adverbs
quickly
rápidamente

slowly
lentamente

easily

fácilmente

quietly
tranquilamente

loudly
ruidosamente

well
bien

badly
mal

happily
felizmente

sadly
tristemente

carefully
cuidadosamente

recklessly
imprudentemente

soon
pronto

later
más tarde

today
hoy

yesterday
ayer

tomorrow
mañana

now
ahora

then
entonces

often
a menudo

always
siempre

never
nunca

frequently
frecuentemente

sometimes
a veces

rarely
raramente

very
muy

quite
bastante

almost
casi

too
demasiado

enough
suficiente

extremely
extremadamente

nearly
casi

completely
completamente

Adverbs Examples

She sings beautifully.
Ella canta hermosamente.

He arrived late.
Él llegó tarde.

The movie was too long.
La película fue demasiado larga.

She quickly ran to the store.
Ella corrió rápidamente a la tienda.

I have seen him often.
Lo he visto a menudo.

They always eat breakfast at 7 AM.
Siempre desayunan a las 7 AM.

He hardly ever drinks coffee.
Él apenas bebe café.

The child spoke very quietly.
El niño habló muy bajito.

She completed the task successfully.
Ella completó la tarea con éxito.

We will meet tomorrow.
Nos encontraremos mañana.

I rarely eat sweets.
Rara vez como dulces.

She drives extremely carefully.
Ella conduce extremadamente cuidadosa.

The flowers bloomed early this year.
Las flores florecieron temprano este año.

He answered the question correctly.
Él respondió la pregunta correctamente.

They sometimes forget to lock the door.
A veces olvidan cerrar la puerta con llave.

This dress fits perfectly.
Este vestido queda perfectamente.

Articles
the
el, la, los, las

a
un, una

an
un, una (ante palabra que comienza con sonido vocálico)

Articles Examples
The car is parked outside.
El coche está aparcado afuera.

She found a cat in the garden.

Ella encontró un gato en el jardín.

He wants an apple from that tree.
Él quiere una manzana de ese árbol.

Interrogatives

who
quién

what
qué

where
dónde

when
cuándo

why
por qué

how
cómo

which
cuál

whom
a quién

whose
de quién

Interrogatives Examples

Who is your teacher?
¿Quién es tu profesor?

What do you want for dinner?
¿Qué quieres para cenar?

Where are you going?
¿A dónde vas?

When is your birthday?
¿Cuándo es tu cumpleaños?

Why are you laughing?
¿Por qué te estás riendo?

How do you make this cake?
¿Cómo haces este pastel?

Which color do you prefer?
¿Qué color prefieres?

Whom did you invite to the party?
¿A quién invitaste a la fiesta?

Whose book is this?
¿De quién es este libro?

STORIES

Story Section Intro

En este capítulo, exploraremos el arte de contar cuentos en inglés.
In this chapter, we'll explore the art of storytelling in English.

Los relatos han sido cuidadosamente seleccionados para ofrecer una experiencia de aprendizaje progresiva.
The stories have been carefully selected to offer a progressive learning experience.

Comenzaremos con cuentos simples diseñados para principiantes, perfectos para construir una base sólida del idioma.
We will start with simple tales designed for beginners, perfect for building a solid language foundation.

A medida que avances, las historias se volverán más complejas, introduciendo estructuras lingüísticas y vocabulario más avanzados.
As you progress, the stories will become more complex, introducing more advanced linguistic structures and vocabulary.

Para los estudiantes intermedios, las narrativas incorporarán desafíos adicionales para afianzar su comprensión y uso del inglés.
For intermediate learners, the narratives will incorporate additional challenges to reinforce their understanding and use of English.

Finalmente, los cuentos de nivel avanzado te sumergirán en temas profundos y mostrarán el uso del lenguaje en su máxima expresión.
Finally, advanced-level tales will immerse you in deep themes and showcase language use at its finest.

Beginner Story - Story 1

Un Día en el Parque
A Day at the Park

Ana y su perro Max van al parque.
Ana and her dog Max go to the park.

El sol brilla y los pájaros cantan.
The sun is shining and the birds are singing.

Ana juega con la pelota.
Ana plays with the ball.

Max corre muy rápido.
Max runs very fast.

Ellos ven a muchos amigos.
They see many friends.

Al final del día, Ana y Max están felices.
At the end of the day, Ana and Max are happy.

Beginner Story - Story 2

Mi Primer Día de Escuela
My First Day of School

Luis se despierta temprano.
Luis wakes up early.

Se viste con su uniforme nuevo.
He dresses in his new uniform.

Desayuna cereal con leche.
He has cereal with milk for breakfast.

Luis toma su mochila y sale de casa.
Luis takes his backpack and leaves the house.

En la escuela, conoce a su maestra.
At school, he meets his teacher.

Ella es amable y sonríe.
She is kind and smiles.

Luis hace nuevos amigos en el recreo.
Luis makes new friends at recess.

Todos juegan juntos en el patio.
Everyone plays together in the yard.

Cuando suena la campana, vuelven al salón.
When the bell rings, they return to the classroom.

Luis aprende a contar y a leer.
Luis learns to count and to read.

Al final del día, Luis está contento.
At the end of the day, Luis is happy.

Él quiere volver mañana.
He wants to come back tomorrow.

Beginner Story - Story 3

La Aventura del Osito de Peluche
The Teddy Bear's Adventure

Pedro tiene un osito de peluche.
Pedro has a teddy bear.

El osito se llama Teddy.
The teddy bear is named Teddy.

Un día, Teddy desaparece.
One day, Teddy disappears.

Pedro busca a Teddy por toda la casa.
Pedro looks for Teddy all over the house.

Encuentra a Teddy debajo de la cama.
He finds Teddy under the bed.

Teddy está junto a una caja de colores.
Teddy is next to a box of crayons.

Pedro dibuja un mapa del tesoro.
Pedro draws a treasure map.

Juegan a los piratas en el cuarto.
They play pirates in the room.

Al final, encuentran un tesoro imaginario.
In the end, they find an imaginary treasure.

Pedro abraza a Teddy, feliz de encontrarlo.
Pedro hugs Teddy, happy to find him.

Beginner Story - Story 4

La Pequeña Semilla
The Little Seed

Marta encuentra una semilla en el jardín.
Marta finds a seed in the garden.

Ella decide plantarla.
She decides to plant it.

Marta usa tierra y una maceta pequeña.
Marta uses soil and a small pot.

Ella riega la semilla todos los días.
She waters the seed every day.

El sol brilla y la semilla comienza a crecer.
The sun shines and the seed begins to grow.

Primero aparecen dos hojas pequeñas.
First, two small leaves appear.

Luego, la planta se hace más grande.
Then, the plant gets bigger.

Un día, Marta ve una flor.
One day, Marta sees a flower.

La flor es roja y hermosa.
The flower is red and beautiful.

Marta está muy orgullosa de su jardín.
Marta is very proud of her garden.

Cada día, las flores traen colibríes.
Every day, the flowers bring hummingbirds.

Marta ama la naturaleza.
Marta loves nature.

Intermediate Story - Story 1

El Misterio de la Biblioteca Antigua
The Mystery of the Ancient Library

Lucas descubrió un pasadizo secreto detrás de un estante de libros.
Lucas discovered a secret passage behind a bookshelf.

A pesar de su nerviosismo, su curiosidad fue más fuerte y decidió explorarlo.
Despite his nervousness, his curiosity was stronger, and he decided to explore it.

Con una linterna en mano, avanzó por el oscuro corredor, cuyas paredes estaban cubiertas de antiguas pinturas.
With a flashlight in hand, he moved through the dark hallway, whose walls were covered with ancient paintings.

Al final del pasadizo, encontró una habitación secreta llena de manuscritos y objetos extraños.
At the end of the passage, he found a secret room filled with manuscripts and strange objects.

Uno de los manuscritos tenía inscripciones en un lenguaje que nunca antes había visto.
One of the manuscripts had inscriptions in a language he had never seen before.

Mientras estudiaba las páginas, Lucas comenzó a entender palabras dispersas, como si las reconociera instintivamente.
As he studied the pages, Lucas began to understand scattered words, as if he instinctively recognized them.

Un antiguo diario hablaba de un tesoro oculto protegido por acertijos y enigmas.

An ancient diary spoke of hidden treasure guarded by riddles and enigmas.

Lucas pasó horas decodificando los misteriosos mensajes y, con cada descubrimiento, se sentía más intrigado.
Lucas spent hours decoding the mysterious messages, and with every discovery, he felt more intrigued.

Finalmente, con la ayuda de sus amigos, desveló el secreto del último enigma que reveló la ubicación del tesoro.
Finally, with the help of his friends, he unraveled the secret of the last riddle that revealed the location of the treasure.

Con emoción y asombro, descubrieron una antigua colección de artefactos perdidos, cuya existencia había pasado desapercibida por generaciones.
With excitement and amazement, they discovered an ancient collection of lost artifacts, whose existence had gone unnoticed for generations.

A través de esta aventura, Lucas y sus amigos se dieron cuenta de que el verdadero tesoro era el conocimiento y la historia escondida entre las páginas del tiempo.
Through this adventure, Lucas and his friends realized that the true treasure was the knowledge and history hidden between the pages of time.

Intermediate Story - Story 2

La Competencia de Robótica
The Robotics Competition

Sofía y su equipo han estado trabajando durante meses en su proyecto de robótica.
Sofia and her team have been working for months on their robotics project.

El robot, al que llamaron Sparky, podía sortear obstáculos y responder a comandos.
The robot, which they called Sparky, could navigate obstacles and respond to commands.

El día de la competencia llegó y estaban nerviosos pero emocionados.
The day of the competition arrived, and they were nervous but excited.

En la primera ronda, Sparky funcionó a la perfección, superando las expectativas del equipo.
In the first round, Sparky performed flawlessly, exceeding the team's expectations.

Sin embargo, en la siguiente etapa, enfrentaron un problema inesperado.
However, in the next stage, they encountered an unexpected problem.

Sparky comenzó a funcionar erráticamente, y el equipo tuvo que diagnosticar el fallo rápidamente.
Sparky began to function erratically, and the team had to diagnose the fault quickly.

Descubrieron que un pequeño cable se había soltado y tenían poco tiempo para repararlo.
They discovered a small wire had come loose and had limited time to fix it.

Con trabajo en equipo y pensamiento rápido, lograron solucionarlo justo antes del comienzo de la ronda final.

With teamwork and quick thinking, they managed to fix it just before the final round began.

Sparky volvió a la carrera, maniobrando con habilidad hasta la línea de meta.

Sparky returned to the race, skillfully maneuvering to the finish line.

El equipo de Sofía ganó el primer lugar, aprendiendo que la perseverancia y la colaboración son claves para el éxito.

Sofia's team won first place, learning that perseverance and collaboration are keys to success.

Celebraron su victoria sabiendo que cada desafío superado los había fortalecido como equipo.

They celebrated their victory knowing that each overcome challenge had made them stronger as a team.

Intermediate Story - Story 3

El Viaje a la Granja Ecológica
The Trip to the Organic Farm

Carla estaba emocionada por visitar la granja que practicaba la agricultura sostenible.
Carla was excited to visit the farm that practiced sustainable agriculture.

Al llegar, fue recibida por granjeros que compartían su pasión por el medio ambiente.
Upon arrival, she was greeted by farmers who shared her passion for the environment.

Les mostraron cómo cultivaban sin utilizar pesticidas dañinos.
They showed her how they grew crops without using harmful pesticides.

Observó cómo las abejas polinizaban las flores y entendió su importancia vital en el ecosistema.
She watched bees pollinate the flowers and understood their vital importance in the ecosystem.

Carla aprendió sobre compostaje y cómo reciclar desechos orgánicos en abono.
Carla learned about composting and how to recycle organic waste into fertilizer.

Ella plantó su propio tomate, sintiendo una conexión con la tierra.
She planted her tomato, feeling a connection to the earth.

Al final del día, prepararon una comida con productos cosechados por ellos mismos.
At the end of the day, they prepared a meal with produce they had harvested themselves.

El sabor de los alimentos frescos y naturales superaba cualquier cosa que hubiese probado antes.
The taste of fresh, natural foods exceeded anything she had tasted before.

Carla regresó a casa con una nueva apreciación por la agricultura orgánica y un deseo de vivir más conscientemente.
Carla returned home with a new appreciation for organic farming and a desire to live more consciously.

Ella decidió comenzar un pequeño huerto en su jardín, comprometiéndose a hacer su parte por el planeta.
She decided to start a small garden in her backyard, committing to do her part for the planet.

Intermediate Story - Story 4

La Noche de las Estrellas Fugaces
The Night of the Shooting Stars

Javier y su abuela se preparaban para una noche especial de observación astronómica.
Javier and his grandmother were getting ready for a special night of stargazing.

Ella le había contado historias de meteoros que surcaban el cielo como destellos de esperanza.
She had told him stories of meteors that streaked across the sky like flashes of hope.

Armados con un telescopio y una manta, se adentraron en el campo, lejos de las luces de la ciudad.
Armed with a telescope and a blanket, they ventured into the countryside, away from the city lights.

Mientras el cielo oscurecía, las primeras estrellas comenzaron a aparecer.
As the sky darkened, the first stars began to appear.

Javier estaba impresionado por la magnífica vista de la Vía Láctea.
Javier was awestruck by the magnificent view of the Milky Way.

De repente, una estrella fugaz cortó el cielo, y ambos hicieron un deseo en silencio.
Suddenly, a shooting star cut across the sky, and they both made a silent wish.

Continuaron observando, contando más de veinte meteoros esa noche.
They continued watching, counting more than twenty meteors that night.

La abuela le explicó que las estrellas fugaces son realmente meteoroides entrando en la atmósfera terrestre.
Grandma explained that shooting stars are actually meteoroids entering the Earth's atmosphere.

Javier se sintió conectado con el infinito, reflexionando sobre los misterios del universo.
Javier felt connected to the infinite, pondering the mysteries of the universe.

Cuando regresaron, él se prometió a sí mismo que aprendería más sobre las estrellas y seguiría su pasión por la astronomía.
When they returned, he promised himself that he would learn more about the stars and pursue his passion for astronomy.

Aquella noche de estrellas fugaces cambió su vida, inspirando en él un eterno sentido de admiración y curiosidad.
That night of shooting stars changed his life, inspiring in him an everlasting sense of wonder and curiosity.

Advanced Story - Story 1

Laberinto de Identidades
Labyrinth of Identities

Elena se enfrentó al espejo, ponderando la disonancia entre su reflejo y su ser interior.
Elena faced the mirror, pondering the dissonance between her reflection and her inner self.

Criada en la confluencia de dos culturas, siempre había bailado en la cuerda floja de su identidad dual.
Raised at the confluence of two cultures, she had always danced on the tightrope of her dual identity.

La mesa de la cena era un campo de batalla ideológico, donde las tradiciones chocaban y se entrelazaban.
The dinner table was an ideological battleground, where traditions clashed and intertwined.

Elena anhelaba pertenecer pero se rehusaba a conformarse con solo una faceta de su rica herencia.
Elena yearned to belong but refused to conform to just one facet of her rich heritage.

En la universidad, sus debates eran agudos, desafiando perspectivas con una elocuencia que encantaba y desarmaba.
In college, her debates were sharp, challenging perspectives with an eloquence that enchanted and disarmed.

Las raíces de su árbol genealógico se hundían en suelos distintos, cada uno nutriendo diferentes aspectos de su alma.
The roots of her family tree sunk into different soils, each nourishing different aspects of her soul.

Las fiestas eran una amalgama de ritmos y sabores, donde la nostalgia por lo desconocido se mezclaba con la algarabía del presente.
Fiestas were a melting pot of rhythms and flavors, where nostalgia for the unknown melded with the revelry of the present.

Luchó con el lenguaje, tropezando a veces con palabras que se resistían a ser domesticadas.
She wrestled with language, sometimes tripping over words that resisted being tamed.

El arte se convirtió en su refugio, pintando lienzos con pinceladas de su paleta multicultural.
Art became her sanctuary, painting canvases with strokes from her multicultural palette.

Finalmente, Elena comprendió que su identidad no estaba fragmentada, sino que era un tapiz tejido con hilos de diversas experiencias y visiones del mundo.
Eventually, Elena understood that her identity was not fragmented but a tapestry woven with threads of diverse experiences and worldviews.

Ella abrazó su complejidad, sabiendo que era el reflejo de una era donde las fronteras eran tan fluidas como las corrientes de un río convergente.
She embraced her complexity, knowing it was the reflection of an era where borders were as fluid as the currents of a converging river.

<u>Advanced Story - Story 2</u>
El Silencio de la Verdad
The Silence of Truth

Las calles de la ciudad escondían secretos en cada esquina, murmullos que aguardaban ser descubiertos.
The city streets hid secrets around every corner, whispers waiting to be uncovered.

Adrián, periodista de oficio, había aprendido a escuchar entre líneas, buscando la verdad en el susurro de las fuentes.
Adrian, a journalist by trade, had learned to listen between the lines, seeking truth in the whispers of sources.

Una sombra de corrupción se cernía sobre el ayuntamiento, una red intrincada que ahogaba los gritos de justicia.
A shadow of corruption loomed over the city hall, an intricate web stifling the cries for justice.

Con cada artículo, Adrián tejía una narrativa más clara, aunque su pluma se estremecía con el peso de las palabras no dichas.
With each article, Adrian wove a clearer narrative, though his pen quivered under the weight of unspoken words.

La lucha por la transparencia no era solo profesional, sino profundamente personal.
The fight for transparency was not just professional but deeply personal.

Encuentros clandestinos y promesas veladas formaban parte de su rutina, un juego peligroso que jugaba con destreza.
Clandestine meetings and veiled promises became part of his routine, a dangerous game he played with skill.

Adrián enfrentaba un dilema moral; divulgar la verdad implicaba arriesgar lo que más amaba.
Adrian faced a moral dilemma; revealing the truth meant risking what he loved most.

En el silencio de su estudio, reflexionaba sobre el impacto de sus revelaciones.
In the silence of his study, he contemplated the impact of his revelations.

La noche antes de la publicación decisiva, las dudas lo asaltaron como ladrones en la oscuridad.
The night before the decisive publication, doubts assailed him like thieves

in the dark.

Con el amanecer, tomó una decisión; su voz no sería sofocada por el miedo.
At dawn, he made a decision; his voice would not be muffled by fear.

La verdad resonó a través de las páginas, liberando el silencio acumulado y desatando una tormenta de cambio.
The truth resonated through the pages, releasing the accumulated silence and unleashing a storm of change.

Adrián comprendió que la pluma era su espada y la tinta, su escudo; armas con las que lucharía incansablemente por la justicia.
Adrian understood that the pen was his sword and ink his shield; weapons with which he would tirelessly fight for justice.

Advanced Story - Story 3

Reflejos de una Cultura Inmersa
Reflections of an Immersed Culture

Mariana se sumergió en las profundidades de la selva amazónica, buscando entender las costumbres ancestrales.
Mariana delved into the depths of the Amazon jungle, seeking to understand ancestral customs.

Rodeada de una biodiversidad exuberante, aprendió lenguas que tejían historias con los hilos del viento.
Surrounded by lush biodiversity, she learned languages that wove stories with the threads of the wind.

Convivió con tribus cuyas perspectivas desafiaron su visión del mundo moderno.
She lived with tribes whose perspectives challenged her view of the modern world.

El chamán del pueblo le mostró el arte de la curación a través de plantas medicinales, un conocimiento transmitido por generaciones.
The village shaman showed her the art of healing through medicinal plants, knowledge passed down for generations.

Noche tras noche, el cielo estrellado narraba epopeyas a través de constelaciones que los ancianos desciframaban con reverencia.
Night after night, the starry sky narrated epics through constellations that the elders deciphered with reverence.

Mariana capturó melodías en flautas de bambú y bailó al ritmo de tambores que resonaban con la tierra.
Mariana captured melodies on bamboo flutes and danced to the rhythm of drums that resonated with the earth.

La sabiduría del río, caudaloso y serpenteante, le enseñó la importancia del cambio y la adaptación.
The wisdom of the river, flowing and meandering, taught her the importance of change and adaptation.

A través de rituales y mitos, Mariana experimentó una cosmología rica en simbolismo y armonía con la naturaleza.
Through rituals and myths, Mariana experienced a cosmology rich in symbolism and harmony with nature.

Al despedirse, las lágrimas se mezclaron con la lluvia, y su corazón se llenó de gratitud por las lecciones aprendidas.
As she said goodbye, tears mingled with the rain, and her heart swelled with gratitude for the lessons learned.

De regreso a su vida cotidiana, Mariana se convirtió en un puente entre culturas, reflejando la belleza de un mundo oculto en sus ojos.
Back in her everyday life, Mariana became a bridge between cultures, reflecting the beauty of a hidden world in her eyes.

Advanced Story - Story 4

Diálogos en el Crepúsculo
Dialogues at Twilight

En la quietud del crepúsculo, Victor reflexionaba sobre el entramado de su existencia.
In the stillness of twilight, Victor reflected on the tapestry of his existence.

Las decisiones tomadas y los caminos no elegidos eran como sombras que danzaban en las paredes de su mente.
Decisions made and paths not taken were like shadows dancing on the walls of his mind.

Frente a él, una ajedrez esperaba, cada pieza un testigo silencioso de confrontaciones intelectuales pasadas.
Before him, a chessboard awaited, each piece a silent witness to past intellectual confrontations.

Voces distantes se fundían con el sonido del viento, llevando ecos de antiguos diálogos filosóficos.
Distant voices merged with the sound of the wind, carrying echoes of ancient philosophical dialogues.

Entre movimientos y estrategias, Victor percibía una metáfora de la vida, una serie de jugadas que definían el destino.
Between moves and strategies, Victor perceived a metaphor for life, a series of plays that defined destiny.

La luna ascendía, un faro celestial que iluminaba la encrucijada de pensamientos y revelaciones.
The moon ascended, a celestial beacon illuminating the crossroads of thoughts and revelations.

Una partida particularmente desafiante lo sumergió en meditaciones sobre

el libre albedrío frente al determinismo.
A particularly challenging game plunged him into meditations on free will versus determinism.

La reina, ágil y determinante, se movía con la gracia de una bailarina, dando forma a la narrativa de la partida.
The queen, agile and decisive, moved with the grace of a dancer, shaping the narrative of the game.

El jaque mate llegó como una epifanía, el reconocimiento de que incluso en el ocaso, la vida ofrecía infinitas posibilidades.
Checkmate arrived like an epiphany, the recognition that even in twilight, life offered infinite possibilities.

Victor guardó las piezas, cada una portando lecciones de triunfos y derrotas, sabiendo que mañana el juego comenzaría de nuevo.
Victor put away the pieces, each carrying lessons of triumphs and defeats, knowing that tomorrow the game would begin anew.

CONVERSATIONS

Conversation Section Intro

En este capítulo, nos sumergiremos en el arte de la conversación en inglés.
In this chapter, we will delve into the art of conversation in English.

Abordaremos distintos niveles de diálogos, comenzando con lo más básico hasta alcanzar niveles avanzados.
We will tackle different levels of dialogue, starting with the most basic and progressing to advanced levels.

Las conversaciones entre niños utilizarán un lenguaje simple y temas familiares para construir una base sólida.
Conversations among children will use simple language and familiar topics to build a solid foundation.

A medida que progresamos a diálogos entre adolescentes, introduciremos estructuras más complejas y vocabulario relevante para su vida cotidiana.
As we progress to dialogues among teenagers, we will introduce more complex structures and vocabulary relevant to their everyday life.

Para las conversaciones de adultos, exploraremos temas de la vida diaria con un lenguaje más maduro y sofisticado.
For adult conversations, we will explore everyday life topics with more mature and sophisticated language.

Finalmente, los diálogos avanzados presentarán conceptos desafiantes, expresiones idiomáticas y alusiones culturales que enriquecerán la experiencia lingüística del lector.
Finally, advanced dialogues will present challenging concepts, idiomatic expressions, and cultural allusions that will enrich the reader's linguistic experience.

Cada conversación es una oportunidad para sumergirse en el idioma y experimentar el inglés en acción.

Each conversation is an opportunity to immerse oneself in the language and experience English in action.

Conversation - Child

En el recreo
At Recess

¿Quieres jugar en el tobogán conmigo?
Do you want to play on the slide with me?

Claro, me encantan los toboganes.
Sure, I love slides.

Mira cómo puedo deslizarme rápido.
Watch how fast I can slide down.

¡Eso fue genial! Ahora mírame a mí.
That was awesome! Now watch me.

¿Jugamos a la mancha después?
Do you want to play tag afterward?

¡Sí! Pero esta vez tú eres la mancha primero.
Yes! But this time, you're it first.

Está bien, ¡prepárate para correr!
Okay, get ready to run!

¡No me atraparás! Soy muy veloz.
You won't catch me! I'm super fast.

Jajaja, vamos a ver quién gana.
Haha, we'll see who wins.

Este recreo es muy divertido contigo.
Recess is so much fun with you.

Conversation 2 - Child

Nuevo en clase
New in Class

Hola, ¿eres el nuevo en nuestra clase?
Hi, are you the new kid in our class?

Sí, hoy es mi primer día aquí.
Yes, today is my first day here.

¿Cómo te llamas?
What's your name?

Me llamo Carlos. ¿Y tú?
My name is Carlos. And you?

Soy Ana. ¿De dónde vienes?
I'm Ana. Where are you from?

Vengo de una ciudad lejos de aquí.
I come from a city far from here.

¿Te gusta nuestra escuela hasta ahora?
Do you like our school so far?

Sí, parece un lugar divertido.
Yes, it seems like a fun place.

Si necesitas ayuda para encontrar algo, puedo mostrarte.
If you need help finding anything, I can show you around.

Gracias, Ana. Eso sería genial.
Thank you, Ana. That would be great.

Conversation - Teen

Planes para el fin de semana
Plans for the Weekend

¿Tienes algún plan para este sábado?
Do you have any plans for this Saturday?

Estaba pensando en ir al cine a ver esa nueva película de superhéroes.
I was thinking about going to the movies to watch that new superhero film.

¿La que tiene efectos especiales increíbles?
The one with amazing special effects?

Sí, esa misma. ¿Te gustaría venir?
Yes, that one. Would you like to come along?

Genial, me encantaría. ¿A qué hora empieza?
Cool, I'd love to. What time does it start?

La función comienza a las tres de la tarde.
The show starts at three in the afternoon.

Perfecto. Podemos encontrarnos a las dos y media para comprar palomitas de maíz.
Perfect. We can meet at two-thirty to buy some popcorn.

Buena idea. Después del cine, ¿qué te parece si vamos a tomar un helado?
Good idea. After the movie, how about we go for some ice cream?

Suena como un plan perfecto para el sábado.
Sounds like a perfect plan for Saturday.

Entonces quedamos así. ¡Nos vemos allí!
So it's a date. See you there!

Conversation 2 - Teen

El concierto soñado
The Dream Concert

¿Ya tienes tus entradas para el concierto de The Electric Sound?
Did you get your tickets for The Electric Sound concert yet?

Sí, ¡no me lo perdería por nada del mundo!
Yes, I wouldn't miss it for the world!

Voy a llevar la camiseta de la banda y todo.
I'm going to wear the band's t-shirt and everything.

Yo también. Y planeo llegar temprano para estar cerca del escenario.
Me too. And I plan on getting there early to be close to the stage.

Dicen que su espectáculo en vivo es alucinante, con efectos pirotécnicos y luces sincronizadas.
They say their live show is mind-blowing, with pyrotechnics and synchronized lights.

Va a ser épico, ¡ya quiero que toquen nuestro tema favorito!
It's going to be epic, I can't wait for them to play our favorite song!

Después del concierto, deberíamos quedarnos a ver si podemos conocer a la banda.
After the concert, we should hang around to see if we can meet the band.

Totalmente, sería increíble conseguir una foto con ellos.
Totally, it would be amazing to get a photo with them.

Este concierto será uno de esos recuerdos que no olvidaremos jamás.
This concert is going to be one of those memories we'll never forget.

Definitivamente. Estoy contando los días, horas, minutos...
Definitely. I'm counting down the days, hours, minutes...

Conversation - Adult

Encuentro de viejos amigos
Meeting of Old Friends

¿Cómo has estado después de todos estos años?
How have you been after all these years?

Increíblemente, la vida me ha llevado por caminos que jamás habría imaginado.
Incredibly, life has taken me on paths I never could have imagined.

Recuerdo cuando soñábamos con viajar y ahora gestiono una agencia de turismo.
I remember when we used to dream about traveling, and now I manage a travel agency.

Eso suena fantástico. Yo, por otro lado, me sumergí en el mundo académico y ahora enseño en la universidad.
That sounds fantastic. I, on the other hand, immersed myself in the academic world and now teach at the university.

Nuestras charlas juveniles realmente marcaron el inicio de lo que perseguiríamos en el futuro.
Our youthful talks really marked the beginning of what we would pursue in the future.

En efecto, aunque nuestra comunicación se diluyó, nuestros ideales permanecieron intactos.
Indeed, although our communication faded, our ideals remained intact.

¿Recuerdas aquel viejo café donde planeábamos nuestras vidas?
Do you remember that old café where we used to plan our lives?

Por supuesto, aquel lugar fue el testigo silencioso de nuestras ambiciones aún no realizadas.
Of course, that place was the silent witness to our then-unrealized ambitions.

Quizás deberíamos volver allí por un café, por los viejos tiempos.
Perhaps we should go back there for a coffee, for old times' sake.

Sería un tributo adecuado a nuestro pasado y un brindis por lo que el futuro aún nos depara.
It would be a fitting tribute to our past and a toast to what the future still holds for us.

Conversation 2 - Adult

La vida en la ciudad vs. el campo
City Life vs. Country Life

Me encanta el ritmo acelerado de la ciudad, siempre hay algo que hacer.
I love the fast pace of the city, there's always something to do.

En el campo, valoro la tranquilidad y poder despertar con el canto de los pájaros.
In the country, I value the tranquility and waking up to the sound of birds singing.

Sin embargo, a veces la congestión urbana y el ruido pueden ser abrumadores.
However, sometimes the urban congestion and noise can be overwhelming.

Entiendo. Aquí, el espacio abierto y el aire fresco son simplemente incomparables.
I understand. Here, the open space and fresh air are simply incomparable.

Prefiero tener restaurantes y teatros accesibles en lugar de conducir millas hasta la ciudad más cercana.
I prefer having restaurants and theaters within reach rather than driving miles to the nearest town.

Claro, pero cultivar mi propio alimento y estar en sintonía con la naturaleza tiene su propia recompensa.
Sure, but growing my own food and being in tune with nature has its own reward.

Supongo que ambos estilos de vida tienen sus pros y contras, dependiendo de lo que uno busque.
I guess both lifestyles have their pros and cons, depending on what one is looking for.

Sí, lo bueno es que siempre podemos visitarnos y disfrutar lo mejor de ambos mundos.
Yes, the good thing is we can always visit each other and enjoy the best of both worlds.

Quizás un día decida cambiar el horizonte de rascacielos por el de los campos verdes.
Maybe one day I'll swap the skyscraper skyline for the green field horizon.

Y yo podría buscar la aventura en la ciudad, aunque sea solo por un cambio de escenario.
And I might seek out an adventure in the city, if only for a change of scenery.

Conversation - Advanced

Debatiendo la actualidad
Debating Current Affairs

El panorama político actual es un auténtico polvorín, con tensiones creciendo a nivel global.
The current political landscape is a real powder keg, with tensions rising on a global scale.

Es cierto, parece que estamos en una encrucijada, donde cada decisión puede tener repercusiones históricas.
Indeed, it seems we are at a crossroads, where each decision could have historic repercussions.

La economía global también está en la cuerda floja, oscilando al ritmo de las fluctuaciones del mercado.
The global economy is also on a tightrope, swaying to the rhythm of market fluctuations.

Y con la revolución tecnológica, vamos a enfrentar una disyuntiva ética sobre la inteligencia artificial en el trabajo.
And with the technological revolution, we're going to face an ethical conundrum about artificial intelligence in the workplace.

No olvidemos la crisis medioambiental; es un Juego de Tronos pero con el futuro de nuestro planeta en juego.
Let's not forget the environmental crisis; it's a Game of Thrones but with the future of our planet at stake.

La ironía es que mientras 'Winter is Coming' se convierte en lema, el calentamiento global sigue acelerándose.
The irony is that while 'Winter is Coming' becomes a catchphrase, global warming continues to accelerate.

Sin embargo, hay una luz al final del túnel con los jóvenes activistas; son como David enfrentándose a Goliat.

Yet, there's light at the end of the tunnel with young activists; they are like David taking on Goliath.

Claro, su arrojo es inspirador, y con las redes sociales, cada vez es más difícil para los problemas esconderse en las sombras.

True, their boldness is inspiring, and with social media, it's becoming harder for issues to hide in the shadows.

La clave será mantener la conversación y convertir el diálogo en acción concreta.

The key will be to keep the conversation going and turn dialogue into concrete action.

Así es, porque con el mundo cambiando a pasos agigantados, debemos adaptarnos o quedarnos atrás.

Exactly, because with the world changing at breakneck speed, we must adapt or get left behind.

Conversation 2 - Advanced

Filosofías de vida
Life Philosophies

He estado reflexionando sobre el existencialismo y cómo moldea nuestra percepción del propósito de vida.
I've been reflecting on existentialism and how it shapes our perception of life's purpose.

Es fascinante; yo me inclino más hacia el estoicismo y la idea de que podemos controlar nuestra respuesta a los contratiempos.
It's fascinating; I lean more towards Stoicism and the idea that we can control our response to setbacks.

El concepto de 'Amor Fati', amar el destino, resuena poderosamente conmigo.
The concept of 'Amor Fati', loving one's fate, resonates powerfully with me.

Comprendo. Aunque, soy parcial al enfoque budista de abrazar el cambio y la impermanencia de las cosas.
I understand. Though, I'm partial to the Buddhist approach of embracing change and the impermanence of things.

Hay sabiduría en el reconocimiento de que el sufrimiento es inherente a la vida y en buscar la liberación del mismo.
There's wisdom in acknowledging that suffering is inherent to life and in the pursuit of liberation from it.

Exactamente. ¿No te parece que esa aceptación nos lleva a una vida más plena y consciente?
Exactly. Don't you think that such acceptance leads us to a fuller, more mindful life?

Sin duda, pero no debemos ignorar el papel de la alegría y la gratitud en nuestra jornada diaria.
Undoubtedly, but we mustn't overlook the role of joy and gratitude in our daily journey.

Eso es verdad. Estoy convencido de que contemplar la belleza en lo cotidiano puede ser tremendamente transformador.
That's true. I'm convinced that contemplating beauty in the mundane can be tremendously transformative.

Al final, parece que nuestras filosofías convergen en la búsqueda de entendimiento y paz interior.
In the end, it seems our philosophies converge on the pursuit of understanding and inner peace.

Así es, y es en el intercambio de ideas donde encontramos la chispa del crecimiento personal.
Indeed, and it's in the exchange of ideas where we find the spark for personal growth.

SIGNS AND SCENARIOS

Signs and Scenarios Intro

En este capítulo, descubriremos el significado detrás de señales y escenarios comunes en el mundo angloparlante.
In this chapter, we will uncover the meaning behind common signs and scenarios in the English-speaking world.

Entender estas señales es crucial para navegar por diversas situaciones, ya sea en la ciudad o en áreas rurales.
Understanding these signs is crucial for navigating through various situations, whether in the city or rural areas.

Nos centraremos en cómo leer y comprender menús de restaurantes, señalizaciones de aeropuertos, indicaciones de transporte público y señales de tráfico.
We will focus on how to read and understand restaurant menus, airport signage, public transportation directions, and road traffic signs.

A través de diálogos y descripciones prácticas, también exploraremos escenarios típicos que podrías encontrar en tu día a día.
Through practical dialogues and descriptions, we will also explore typical scenarios you might encounter in your daily life.

Al dominar estos elementos, te sentirás más confiado en tus habilidades lingüísticas al viajar o interactuar en entornos de habla inglesa.
By mastering these elements, you will feel more confident in your language skills when traveling or interacting in English-speaking environments.

Considera este capítulo como un mapa que te guiará a través de la cultura y las convenciones de idioma inglés.
Consider this chapter as a map that will guide you through the culture and language conventions of English.

Restaurant Menu

Hamburguesa Clásica - $5.99
Classic Burger - $5.99

Una jugosa hamburguesa de carne de res con lechuga, tomate y queso en un pan fresco.
A juicy beef burger with lettuce, tomato, and cheese on a fresh bun.

Ensalada César - $4.50
Caesar Salad - $4.50

Crujientes hojas de lechuga romana con aderezo César, crutones y queso parmesano rallado.
Crisp romaine lettuce with Caesar dressing, croutons, and shredded Parmesan cheese.

Pollo Asado con Verduras - $7.99
Grilled Chicken with Vegetables - $7.99

Pechuga de pollo a la parrilla con una mezcla de verduras de estación al vapor y salsa de hierbas.
Grilled chicken breast with a mix of steamed seasonal vegetables and herb sauce.

Tarta de Queso con Fresas - $3.50
Strawberry Cheesecake - $3.50

Tarta de queso suave y cremosa sobre una base de galletas con cobertura de fresas frescas.
Smooth and creamy cheesecake on a cookie crust with fresh strawberry topping.

Agua Mineral - $1.50
Mineral Water - $1.50

Agua mineral refrescante para acompañar tu comida.
Refreshing mineral water to accompany your meal.

Situation - Restaurant

Buenas tardes, ¿están listos para ordenar?
Good afternoon, are you ready to order?

Sí, me gustaría tener la hamburguesa clásica, por favor.
Yes, I would like the classic burger, please.

¿Cómo le gustaría el término de la carne, poco cocida o bien cocida?
How would you like your meat, rare or well done?

Bien cocida estaría bien, gracias.
Well done would be fine, thank you.

Claro, ¿y qué tal para beber?
Of course, and what would you like to drink?

Solo agua mineral. ¿Viene con hielo y limón?
Just mineral water. Does it come with ice and lemon?

Sí, siempre servimos nuestra agua con hielo y una rodaja de limón.
Yes, we always serve our water with ice and a slice of lemon.

Perfecto. Y al final, me encantaría probar la tarta de queso con fresas.
Perfect. And for dessert, I'd love to try the strawberry cheesecake.

Excelente elección. ¿Algo más que pueda ofrecerles?
Excellent choice. Anything else I can get for you?

No, eso es todo por ahora, gracias.
No, that's all for now, thank you.

Les traeré su orden en breve. Disfruten su comida.
I'll bring your order shortly. Enjoy your meal.

Signs - Airport

Puertas de Embarque 20-30 →
Gates 20-30 →

Reclamo de Equipaje Nivel Inferior ↓
Baggage Claim Lower Level ↓

Punto de Control de Seguridad →
Security Checkpoint →

Salas VIP Nivel Superior ↑
VIP Lounges Upper Level ↑

Información de Vuelos Pantalla Central ⇑
Flight Information Central Display ⇑

Prohibido pasar sin tarjeta de embarque.
No Entry Without Boarding Pass.

Wi-Fi Gratis Disponible Aquí
Free Wi-Fi Available Here

Zona de Juegos para Niños Área C
Children's Play Area Area C

No olvide sus artículos personales al desembarcar.
Please remember to take all personal items upon disembarking.

Mantenga su pasaporte a la mano para el control migratorio.
Keep your passport ready for immigration control.

Situation - Airport

Primer Vuelo Internacional
First International Flight

Hola, vengo a hacer el check-in para el vuelo a Nueva York.
Hello, I'm here to check in for the flight to New York.

Por supuesto. ¿Tiene usted equipaje para facturar?
Of course. Do you have any luggage to check in?

Sí, esta maleta y una bolsa de mano.
Yes, this suitcase and a carry-on bag.

Muy bien. Aquí tiene su tarjeta de embarque. Su puerta es la 22 y el embarque comienza a las 5:30 PM.
All right. Here is your boarding pass. Your gate is 22 and boarding starts at 5:30 PM.

¿Cómo llego a la puerta 22?
How do I get to gate 22?

Siga las señales azules hasta la zona de pasajeros internacionales y luego a la derecha.
Follow the blue signs to the international passengers area and then turn right.

Gracias. ¿Dónde puedo escuchar los anuncios de vuelos?
Thank you. Where can I listen for flight announcements?

Los anuncios se hacen por el sistema de altavoces y también puede revisar las pantallas de información de vuelos.
Announcements are made through the speaker system, and you can also check the flight information screens.

Perdón, ¿el vuelo tendrá retraso?
Excuse me, will the flight be delayed?

No, su vuelo está programado para salir a tiempo.
No, your flight is scheduled to depart on time.

Excelente. Muchas gracias por su ayuda.
Excellent. Thank you very much for your help.

De nada. Que tenga un buen vuelo.
You're welcome. Have a good flight.

Signs - Public Transportation

Horario de Autobuses: Primera salida 5:00 AM, última salida 11:00 PM
Bus Schedule: First departure 5:00 AM, last departure 11:00 PM

Tarifas: $1.50 viaje sencillo, $4.00 pase diario
Fares: $1.50 single ride, $4.00 day pass

Mapa del Metro: Consulte el mapa para las líneas y conexiones
Subway Map: Refer to the map for lines and connections

Billetes: Compre su billete antes de abordar en las máquinas expendedoras
Tickets: Purchase your ticket before boarding at the vending machines

Zona de Espera Segura: Área monitoreada para su seguridad
Safe Waiting Area: Monitored area for your safety

Parada de Autobús Próxima: Avenida Central y Calle 5
Next Bus Stop: Central Avenue and 5th Street

Advertencia: No cruce las vías del tren, use el paso subterráneo
Warning: Do not cross the train tracks, use the underpass

Información de Retrasos: Verifique las pantallas de información para actualizaciones
Delay Information: Check the information screens for updates

Asientos Prioritarios: Reservados para personas mayores, embarazadas y discapacitados
Priority Seating: Reserved for elderly, pregnant, and disabled passengers

No Comer o Beber en el Tren: Mantenga el sistema de transporte limpio
No Eating or Drinking on the Train: Keep the transit system clean

Situation - Public Transportation

Navegando el Metro por Primera Vez
Navigating the Subway for the First Time

Disculpe, ¿podría ayudarme a comprar un billete para el metro?
Excuse me, could you help me purchase a subway ticket?

Claro, puede usar una de estas máquinas expendedoras. ¿A qué estación desea ir?
Certainly, you can use one of these vending machines. Which station do you want to go to?

Necesito llegar a la estación Central Park.
I need to go to Central Park station.

Bien, seleccione la opción de 'Viaje Sencillo' y luego la estación 'Central Park' en la pantalla.
Alright, select the 'Single Ride' option and then 'Central Park' station on the screen.

Ah, entiendo. ¿Cuánto cuesta?
Ah, I see. How much does it cost?

El viaje sencillo cuesta $2.75. Por favor, inserte el efectivo o la tarjeta de crédito.
The single ride costs $2.75. Please insert cash or a credit card.

Perfecto, ya tengo mi billete. ¿Dónde se encuentra la línea A?
Perfect, I have my ticket now. Where is line A?

Siga las señales azules y baje las escaleras. La línea A es la primera a la derecha.
Follow the blue signs and go down the stairs. Line A is the first on the

right.

Muchas gracias. ¿Y cómo sé a qué hora sale el próximo tren?
Thank you very much. And how do I know when the next train is?

Los horarios están en las pantallas arriba del andén o puede escuchar los anuncios.
The schedules are on the screens above the platform, or you can listen for announcements.

Signs - Road Signs

Ceda el Paso
Yield

Pare
Stop

Velocidad Máxima 55 mph
Maximum Speed 55 mph

No Estacionar en Cualquier Momento
No Parking at Any Time

Estacionamiento Solo para Discapacitados
Handicapped Parking Only

Cruce de Peatones
Pedestrian Crossing

Salida a 1 Milla
Exit 1 Mile

Curva Peligrosa Adelante
Dangerous Curve Ahead

Siga la Señal Verde para la Autopista
Follow the Green Sign for the Highway

No Virar en U
No U-Turn

Situation - Roadside Assistance

Avería en la Carretera
Breakdown on the Road

Hola, ¿servicio de asistencia en carretera? Mi coche se ha detenido y necesito ayuda.
Hello, roadside assistance? My car has stopped and I need help.

Claro, dígame su ubicación y la naturaleza del problema, por favor.
Sure, please tell me your location and the nature of the problem.

Estoy en la autopista 95, cerca de la salida 47. El motor hizo un ruido extraño y ahora no enciende.
I'm on Highway 95 near exit 47. The engine made a strange noise and now it won't start.

¿Está en un lugar seguro y tiene las luces de emergencia encendidas?
Are you in a safe location and do you have your hazard lights on?

Sí, moví el coche al arcén y encendí las luces de emergencia.
Yes, I moved the car to the shoulder and turned on the hazard lights.

Enviaremos un técnico de inmediato. ¿Puede proporcionarme su nombre y número de matrícula del vehículo?
We will send a technician immediately. Can you provide me with your name and the vehicle's license plate number?

Me llamo Laura Sánchez y la matrícula es BGF-1234.
My name is Laura Sanchez and the license plate is BGF-1234.

Bien, señora Sánchez, permanezca en su vehículo si es seguro hacerlo y nuestro técnico llegará pronto.
Alright, Ms. Sanchez, please remain in your vehicle if it is safe to do so, and our technician will arrive shortly.

Muchas gracias por su rápida respuesta.
Thank you very much for your prompt response.

Es nuestro trabajo asegurarnos de que esté segura. La ayuda está en camino.
It's our job to make sure you are safe. Help is on the way.

CONCLUSION

Al llegar a las páginas finales de "Aprender A Leer Inglés Rápido", es hora de reflexionar sobre el viaje transformador en el que se ha embarcado. A través de dedicación y perseverancia, ha navegado por las estructuras esenciales del idioma inglés y ahora está equipado con una poderosa herramienta para desbloquear nuevos mundos de oportunidades y comprensión.

Desde los elementos básicos del lenguaje hasta el complejo entramado de narrativas avanzadas, has visto cómo el inglés trasciende las meras palabras en una página: es una fuerza cultural vibrante que da forma a nuestra narrativa global. Has explorado los matices que dan carácter al inglés: las coloridas expresiones idiomáticas, el sutil juego de la gramática y el rico contexto que añade profundidad a las oraciones simples.

Hemos celebrado el papel que desempeña el inglés a la hora de conectar a las personas, encarnando una multitud de voces de diversos orígenes, cada una con su propia historia que contar. Ha experimentado cómo aprender a leer en inglés puede servir como un puente, no sólo entre mentes individuales, sino entre sociedades, fomentando la empatía y el respeto mutuo.

"Aprender A Leer Inglés Rápido" no sólo tiene como objetivo impartir conocimientos lingüísticos sino también inspirar un viaje de aprendizaje para toda la vida. Las lecciones contenidas en estas páginas son trampolines para una mayor exploración, animándolo a profundizar en el idioma, buscar conversaciones y continuar creciendo en competencia y conciencia cultural.

A medida que avance en este libro, recuerde que el lenguaje es una entidad viva, en constante evolución y expansión. Acepta la variabilidad y el cambio como parte de tu aventura. El verdadero poder del lenguaje reside en su uso, así que lea mucho, participe abiertamente y exprésese con valentía.

Que las habilidades que has perfeccionado aquí mejoren tu confianza para relacionarte con el mundo de habla inglesa con curiosidad y alegría. El camino del aprendizaje de idiomas es infinito y cada paso es un paso hacia horizontes más amplios. Lleve con orgullo los conocimientos que ha adquirido y permita que alimenten su pasión por el aprendizaje continuo.

Para cerrar este capítulo de su viaje educativo, deje que "Aprender A Leer Inglés Rápido" sea un compañero que encienda una llama, una llama que ilumine su camino hacia innumerables nuevos descubrimientos y el potencial infinito que encierra el lenguaje. Sigue leyendo, sigue explorando y deja que el mundo del inglés sea un libro abierto que nunca deja de inspirar.

ABOUT THE AUTHOR

Jon Adams is a Prompt Engineer for Green Mountain Computing specializing and focusing on helping businesses to become more efficient within their own processes and pro-active automation.

Jon@GreenMountainComputing.com

www.ingramcontent.com/pod-product-compliance
Ingram Content Group UK Ltd.
Pitfield, Milton Keynes, MK11 3LW, UK
UKHW021510030325
4829UKWH00043B/1751